Marie-Laure Tombini

RECETTES MADE IN USA

MANGO

SOMMAIRE

Cheeseburgers

Pour 2 personnes
Préparation : 15 min
Cuisson : 15 min

2 petits pains buns
2 steaks hachés de bœuf de 125 g environ
1 tomate
½ oignon
2 tranches de fromage pour hamburger
2 feuilles de salade
4 cuillerées à soupe de ketchup
Sel, poivre
Huile pour la cuisson

1. Coupez la tomate et l'oignon en rondelles.
2. Faites chauffer un fond d'huile dans une poêle puis faites cuire les steaks 5 à 10 minutes sur feu moyen (pour les avoir saignants ou à point).
3. Pendant ce temps, coupez les petits pains en deux puis passez-les 1 ou 2 minutes sous le gril du four pour les faire légèrement dorer.
4. Tartinez de ketchup les deux côtés des pains. Déposez 1 steak sur le talon puis ajoutez par-dessus 1 tranche de fromage, quelques rondelles de tomate et d'oignon et 1 feuille de salade. Recouvrez avec le couvercle des pains. Dégustez aussitôt.

Burgers mexicain

Pour 2 personnes
Préparation : 15 min
Cuisson : 15 min

2 petits pains buns
2 steaks hachés de bœuf de 125 g environ
1 tomate
¼ de poivron rouge
½ oignon
2 feuilles de salade
2 tranches de fromage
Piment d'Espelette
2 cuillerées à soupe de ketchup
Sel, poivre
Huile pour la cuisson

1. Coupez la tomate, l'oignon et le poivron en petits dés. Faites revenir l'ensemble 3 à 4 minutes dans une sauteuse à feu vif avec un peu d'huile. Assaisonnez de sel, de poivre et d'une pincée de piment. Baissez le feu, ajoutez le ketchup et laissez cuire 10 minutes.
2. Déposez les steaks hachés dans la sauteuse et faites cuire 5 à 10 minutes (pour les avoir saignants ou à point).
3. Pendant ce temps, coupez les petits pains en deux puis passez-les 1 ou 2 minutes sus le gril du four pour les faire légèrement dorer.
4. Répartissez la sauce aux légumes sur le talon des pains. Déposez dessus 1 steak puis ajoutez 1 tranche de fromage et 1 feuille de salade. Recouvrez avec le couvercle des pains. Dégustez aussitôt.

Pulled pork

Pour 6 personnes
Préparation : 10 min
Cuisson : 2 h

1 filet mignon de porc de 550 g
1 oignon blanc
1 gousse d'ail
250 g de ketchup
1 feuille de laurier
1 cuillerée à soupe de moutarde
1 cuillerée à soupe de sauce Worcestershire
1 cuillerée à soupe de sucre roux
2 cuillerées à soupe d'huile d'olive

1. Pelez et ciselez finement l'oignon. Pelez, dégermez et hachez la gousse d'ail.
2. Faites chauffer l'huile dans une cocotte puis faites revenir le filet mignon à feu vif sur toutes ses faces.
3. Ajoutez l'oignon, l'ail, le ketchup, le laurier, la moutarde, la sauce Worcestershire et le sucre. Couvrez d'eau à hauteur. Portez le mélange à ébullition puis laissez mijoter 2 heures minimum sur feu doux.
4. Laissez refroidir la préparation. Effilochez ensuite la viande et mélangez-la avec la sauce.

Mon conseil : garnissez des bagels ou des pains à hamburger en ajoutant des carottes râpées et 1 ou 2 feuilles de salade.

Pains buns pour hamburger

Pour une dizaine de pains
Préparation : 2 h
Repos : 45 min
Cuisson : 20 min

500 g de farine
1 sachet de levure de boulanger déshydratée
1 œuf battu + 1 jaune pour dorer
50 g de beurre fondu
2 cuillerées à soupe de sucre semoule
15 cl de lait
Graines de sésame
1 cuillerée à café de sel

1. Délayez la levure dans 3 cuillerées à soupe d'eau tiède. Laissez reposer 15 minutes.
2. Déposez la farine et la levure réhydratée dans le bac de votre machine à pain. Ajoutez le sucre, l'œuf battu, 12 cl d'eau, le lait, le beurre fondu et le sel. Lancez le programme « pâte ».
3. Sortez la pâte de la machine puis façonnez des boules. Placez-les sur une plaque de cuisson et laissez reposer 30 minutes.
4. Préchauffez le four à 200 °C (th. 6-7).
5. Badigeonnez les boules de pâte avec du jaune d'œuf dilué dans un peu d'eau. Parsemez de graines de sésame.
6. Enfournez et faites cuire 15 à 20 minutes. Laissez refroidir les pains sur une grille.

Mon conseil : vous pouvez tout à fait congeler les petits pains emballés individuellement dans des sacs congélation ; vous les décongèlerez selon vos besoins, en les laissant à l'air libre ou au réfrigérateur.

BAM

Bagels au rôti de bœuf

Pour 4 personnes
Préparation : 5 min
Cuisson : 3 min

4 pains à bagel
aux graines de sésame
4 fines tranches de rôti
de bœuf
4 feuilles de laitue
8 cornichons
4 cuillerées à soupe
de moutarde

1. Coupez les pains en deux et faites-les dorer au grille-pain.
2. Coupez les cornichons en deux dans la longueur.
3. Tartinez le talon des pains de moutarde. Déposez dessus 1 feuille de salade, les demi-cornichons et 1 tranche de rôti.
4. Refermez les bagels et dégustez aussitôt.

Bagels au poulet, guacamole et oignon rouge

Pour 4 personnes
Préparation : 10 min
Cuisson : 5 min

4 pains à bagel aux graines de pavot
250 g de blancs de poulet
2 tomates
1 oignon rouge
4 feuilles de laitue
4 cuillerées à soupe de Savora®
3 cuillerées à soupe d'huile d'olive

Pour le guacamole
1 avocat
Le jus de 1 citron
Sel, poivre

1. Réalisez le guacamole express : coupez l'avocat en deux, retirez le noyau et prélevez la chair ; écrasez-la à la fourchette avec le jus de citron ; salez et poivrez.
2. Coupez les blancs de poulet en petits dés. Faites-les dorer dans une poêle 5 minutes à feu moyen avec l'huile d'olive.
3. Pendant ce temps, pelez et émincez l'oignon en rondelles. Coupez également la tomate en fines rondelles.
4. Coupez les bagels en deux puis faites-les dorer au grille-pain.
5. Mélangez le poulet refroidi avec le guacamole.
6. Tartinez le talon des bagels de Savora®. Répartissez dessus le poulet au guacamole. Ajoutez des rondelles d'oignon et de tomate et 1 feuille de salade.
7. Refermez les bagels et dégustez aussitôt.

Bagels aux tomates, concombre et jambon cru

Pour 4 personnes
Préparation : 5 min
Cuisson : 3 min

4 pains à bagel
aux graines de pavot
2 tomates
½ concombre
4 grandes tranches
de jambon cru
4 feuilles de laitue
4 cuillerées à soupe
de Savora®

1. Coupez les tomates et le concombre en fines rondelles.
2. Coupez les bagels en deux puis faites-les dorer au grille-pain.
3. Tartinez le talon des bagels de Savora®. Déposez dessus des rondelles de concombre et de tomate. Ajoutez 1 tranche de jambon et 1 feuille de salade.
4. Refermez les bagels et dégustez aussitôt.

Bagels au pastrami

Pour 4 personnes
Préparation : 5 min
Cuisson : 3 min

4 pains à bagel aux graines de pavot
8 fines tranches de pastrami de bœuf
2 tomates moyennes
2 cornichons malossol
4 feuilles de laitue
8 cuillerées à soupe de Savora®

1. Coupez les bagels en deux et faites-les dorer au grille-pain.
2. Lavez les tomates et coupez-les en rondelles. Coupez également les cornichons en fines rondelles.
3. Tartinez le talon des bagels de Savora®. Déposez dessus des rondelles de tomate et de cornichon puis 2 tranches de pastrami.
4. Refermez les bagels et dégustez sans attendre.

Mon conseil : les cornichons malossol (gros cornichons macérés dans de la saumure) et le pastrami (poitrine de bœuf marinée avec des aromates puis fumée) sont des ingrédients typiques de la cuisine américaine. Vous les trouverez dans les épiceries spécialisées ou sur Internet.

Pains pour bagel

Pour 8 pains
Préparation : 30 min
Repos : 1 h 30 min
Cuisson : 15 min

340 g de farine de blé T65
½ sachet de levure de boulanger déshydratée
150 g de lait demi-écrémé
30 g de beurre fondu
3 cl d'eau
1 jaune d'œuf pour la dorure
Graines de sésame ou de pavot pour la déco

1. Dans un saladier, versez la farine, la levure, le lait tiède et le beurre fondu. Mélangez le tout avec une cuillère en bois. Prenez la pâte entre vos mains puis pétrissez-la longuement sur un plan de travail fariné en l'étirant pour l'aérer. Laissez la pâte lever 1 heure dans un endroit tiède.

2. Reprenez la pâte, chassez l'air avec le poing et partagez-la en 8 morceaux. Façonnez des boules, aplatissez-les et faites un trou au centre : vous devez obtenir des cercles assez fins.

3. Posez les cercles de pâte sur une plaque de cuisson recouverte de papier sulfurisé. Badigeonnez-les de jaune d'œuf dilué avec un peu d'eau puis saupoudrez de graines de sésame ou de pavot. Laissez lever les pains 30 à 45 minutes.

4. Préchauffez le four à 180 °C (th. 6).

5. Enfournez les pains et faites cuire 10 à 15 minutes. Laissez refroidir les bagels sur une grille avant de les couper en deux et de les garnir.

Hot-dog

Pour 4 personnes
Préparation : 5 min
Cuisson : 3 min

4 pains allongés pour hot-dog
4 saucisses de Francfort
1 oignon rouge
Ketchup
Moutarde

1. Pelez l'oignon et coupez-le en fines rondelles.
2. Coupez les pains en deux dans la longueur.
3. Plongez les saucisses 3 minutes dans une casserole d'eau bouillante salée puis égouttez-les.
4. Garnissez les pains de rondelles d'oignon et d'1 saucisse chaude.
5. Ajoutez un peu de ketchup et de moutarde selon votre goût. Dégustez aussitôt.

INFAMOUS NO. 1
A ROMANTIC'S
NAUGHTY HIT
Herald Tribune
GLOBAL.NYTIMES.COM
doubt
have fueled opposition to the vaccinations.

Sandwichs poulet-bacon

Pour 2 personnes
Préparation : 5 min
Cuisson : 5 min

4 tranches de pain de mie
4 tranches de bacon
1 blanc de poulet cuit
1 tomate
2 feuilles de laitue
2 cuillerées à soupe de mayonnaise

1. Toastez les tranches de pain au grille-pain.
2. Faites cuire les tranches de bacon 1 à 2 minutes de chaque côté dans une poêle chaude.
3. Émincez le blanc de poulet en fines lamelles. Coupez la tomate en rondelles.
4. Tartinez 1 tranche de pain de mayonnaise. Garnissez de laitue, bacon, tomate et poulet. Recouvrez avec l'autre tranche de pain. Réalisez ainsi l'autre sandwich.

Club sandwichs au thon

Pour 2 sandwichs
Préparation : 5 min
Sans cuisson

3 tranches de pain de mie
1 boîte de thon au naturel (90 g)
60 g de fromage blanc
1 tomate
2 feuilles de laitue
1 cuillerée à café de miel liquide
1 cuillerée à café de moutarde

1. Dans un bol, écrasez le thon à la fourchette. Incorporez le fromage blanc, le miel et la moutarde.
2. Coupez la tomate en rondelles.
3. Tartinez 1 tranche de pain avec la moitié de la préparation au thon. Déposez 1 feuille de laitue et des rondelles de tomate.
4. Recouvrez avec 1 tranche de pain. Tartinez-la avec le reste de préparation au thon. Ajoutez des rondelles de tomate et l'autre feuille de salade. Refermez avec la dernière tranche de pain.
5. Coupez le pain en deux dans la diagonale pour obtenir 2 sandwichs.

Mon conseil : comptez 2 sandwichs par personne pour un en-cas complet.

Sauce Barbecue

Pour 4 personnes
Préparation : 10 min
Cuisson : 15 min

500 g de tomates bien mûres
1 oignon
Le jus de ½ citron
½ cuillerée à soupe de paprika
1 cuillerée à soupe de moutarde
1 cuillerée à soupe de sauce Worcestershire
3 gouttes de Tabasco®
3 cuillerées à soupe de sucre brun
1 cuillerée à soupe d'huile d'olive pour la cuisson

1. Pelez et émincez finement l'oignon. Lavez les tomates et coupez-les en quartiers.
2. Dans une sauteuse, faites fondre l'oignon 3 minutes avec l'huile d'olive. Ajoutez les tomates, l'oignon et le reste des ingrédients. Mélangez et laissez mijoter 15 minutes environ sur feu doux.
3. Mixez finement la préparation pour obtenir une sauce bien homogène.

Sauce
Barbecue

Ketchup

Pour 2 petits pots
à confiture
Préparation : 10 min
Cuisson : 20 min

700 g de tomates bien mûres
1 oignon (rouge ou blanc)
1 gousse d'ail
2 cuillerées à café de concentré de tomates (facultatif)
70 g de cassonade
1 cuillerée à soupe d'huile d'olive
5 cl de vinaigre blanc (de cidre, par exemple)

1. Lavez les tomates et coupez-les en dés.
2. Pelez et émincez l'oignon en rondelles.
3. Pelez, dégermez et hachez la gousse d'ail.
4. Dans une sauteuse, faites chauffer l'huile d'olive puis faites revenir l'oignon et l'ail 3 à 4 minutes à feu moyen.
5. Ajoutez les tomates, le concentré de tomates, le vinaigre et la cassonade. Mélangez, couvrez et laissez cuire 20 minutes environ sur feu moyen.
6. Laissez refroidir puis mixez finement la préparation afin d'obtenir une sauce ketchup bien lisse.

Pop-corn salé aux épices

Pour 6 personnes
Préparation : 2 min
Cuisson : 10 min

200 g de grains de maïs à pop-corn
1 cuillerée à café de paprika
1 cuillerée à café de cumin en poudre
3 cuillerées à soupe d'huile neutre (tournesol, colza)
Sel

1. Faites chauffer 1 cuillerée à soupe d'huile dans une casserole ou une grande sauteuse.
2. Déposez les grains de maïs dans la casserole de façon à en couvrir le fond. Mettez le couvercle et faites chauffer sur feu vif en secouant de temps en temps la casserole pour que tous les grains de maïs cuisent régulièrement.
3. Lorsque les premiers grains commencent à sauter, baissez sur feu moyen et remuez sans discontinuer, en laissant le couvercle. Continuez la cuisson jusqu'à ce que tous les grains soient soufflés.
4. Versez le pop-corn dans un grand saladier et saupoudrez d'épices. Salez et arrosez avec l'huile restante. Mélangez et servez aussitôt.

Mon conseil : pour mieux surveiller la cuisson du pop-corn, utilisez un couvercle transparent. Si votre casserole est trop petite, faites cuire le pop-corn en plusieurs fois (ou, au besoin, ôtez au fur et à mesure les grains de maïs déjà soufflés).

Coleslaw

Pour 4 personnes
Préparation : 20 min
Sans cuisson

¼ de chou blanc
1 carotte
1 pomme
3 cuillerées à soupe de fromage blanc
1 cuillerée à soupe de moutarde
2 cuillerées à soupe de vinaigre de cidre

1. Émincez finement le chou blanc. Pelez la carotte et la pomme ; râpez-les.
2. Dans un saladier, mélangez le fromage blanc avec le vinaigre et la moutarde. Ajoutez 2 cuillerées à soupe d'eau et émulsionnez avec une fourchette.
3. Ajoutez chou, carotte et pomme. Mélangez bien. Réservez au frais jusqu'au moment de servir.

Mon conseil : le coleslaw traditionnel se prépare avec de la mayonnaise ; je préfère remplacer celle-ci par du fromage blanc pour avoir une entrée plus légère.

Salade Caesar

Pour 4 personnes
Préparation : 15 min
Cuisson : aucune

1 laitue romaine
100 g de croûtons
1 jaune d'œuf
1 cuillerée à soupe de sauce Worcestershire
1 cuillerée à soupe de moutarde
1 cuillerée à soupe de vinaigre de Xérès
2 cuillerées à soupe d'huile neutre

1. Battez le jaune d'œuf avec l'huile, le vinaigre, la sauce Worcestershire, la moutarde et 3 cuillerées à soupe d'eau.
2. Émincez la laitue.
3. Dans un saladier, mélangez la salade avec la sauce. Répartissez les croûtons sur le dessus et servez.

Pickles de courgettes

Pour un petit bocal
Préparation : 10 min
Cuisson : 5 min

2 mini-courgettes
1 cuillerée à café de graines de moutarde
1 cuillerée à café de graines de coriandre
30 g de sucre roux
10 cl de vinaigre de cidre

1. Lavez les courgettes et coupez-les en fines rondelles. Déposez-les dans un bocal en verre en les tassant un peu.
2. Dans une petite casserole en inox, mélangez le vinaigre, 5 cl d'eau, le sucre, les graines de moutarde et coriandre. Faites chauffer 5 minutes à feu doux pour bien faire fondre le sucre.
3. Versez la préparation sur les courgettes (elles doivent être recouvertes). Fermez et laissez refroidir.
4. Dégustez les pickles en accompagnement de viande froide ou garnissez-en des sandwichs.

Mon conseil : vous pouvez ajouter quelques fines rondelles d'oignon doux.

Soupe de maïs

Pour 4 personnes
Préparation : 20 min
Cuisson : 15 min

1 boîte de maïs
(200 à 300 g)
3 blancs de poulet
1 pomme de terre
1 poivron rouge
1 oignon
1 cuillerée à soupe
de bouillon de légumes
Huile d'olive

1. Pelez et émincez finement l'oignon. Lavez le poivron et coupez-le en fines lanières. Détaillez les blancs de poulet en petits cubes.
2. Faites chauffer un filet d'huile d'olive dans une cocotte puis faites revenir l'oignon et les poivrons 2 minutes sur feu vif. Baissez ensuite le feu et laissez cuire 5 minutes jusqu'à ce qu'ils soient tendres.
3. Ajoutez les cubes de poulet dans la cocotte et saisissez-les 5 minutes sur feu vif en remuant.
4. Réservez ¼ de la préparation pour le service.
5. Pelez la pomme de terre et coupez-la en petits cubes.
6. Ajoutez dans la cocotte le maïs, les cubes de pomme de terre, le bouillon et 1 litre d'eau. Mélangez, portez à ébullition puis laissez cuire 15 minutes à couvert.
7. Mixez finement la soupe. Servez-la bien chaude en ajoutant la préparation réservée.

Nuggets au poulet

Pour 4 personnes
Préparation : 20 min
Cuisson : 5 min

400 g de blancs de poulet
1 œuf
1 petit oignon
Sel, poivre

Pour la panure
1 œuf
40 g de farine
40 g de chapelure
Huile neutre pour la cuisson

1. Coupez le poulet en gros morceaux. Pelez et émincez l'oignon.
2. Mixez finement le poulet avec l'oignon et l'œuf. Salez et poivrez.
3. Avec la préparation, façonnez des petites galettes entre vos mains.
4. Réalisez la panure : dans une assiette creuse, battez l'œuf en omelette. Versez la chapelure et la farine dans deux autres assiettes.
5. Passez les galettes une à une dans chaque assiette. Faites chauffer un fond d'huile dans une poêle puis faites dorer les galettes 2 à 3 minutes de chaque côté. Dégustez les nuggets aussitôt.

Corn Chicken

Pour 4 personnes
Préparation : 20 min
Cuisson : 4 min

450 g de blancs de poulet
40 g de corn-flakes nature (non sucrés)
1 œuf
40 g de farine
1 pincée de paprika
Sel, poivre
Huile d'olive pour la cuisson

1. Coupez le poulet en petits cubes. Assaisonnez-les de sel, poivre et paprika.
2. Versez la farine dans une assiette. Battez l'œuf dans un bol.
3. Écrasez les corn-flakes entre vos mains pour les réduire en miettes. Déposez-les dans une assiette.
4. Passez les cubes de poulet dans la farine puis plongez-les dans l'œuf et enrobez-les de corn-flakes.
5. Faites frire les cubes de poulet panés dans une poêle avec un fond d'huile d'olive 3 à 4 minutes sur feu vif. Servez aussitôt.

Crab Cakes

Pour 8 à 10 crab cakes
Préparation : 5 min
Cuisson : 10 min

250 g de chair de crabe
1 œuf moyen
1 cuillerée à soupe de persil plat ciselé
¼ de cuillerée à café de gingembre moulu
¼ de cuillerée à café de cardamome en poudre
¼ de cuillerée à café de muscade
1 cuillerée à soupe de sauce Worcestershire
35 g de chapelure
1 pincée de poivre
Huile neutre pour la cuisson

1. Dans un saladier, battez l'œuf en omelette. Ajoutez la chair de crabe, la sauce Worcestershire, les épices, le poivre, la chapelure et le persil. Mélangez bien le tout.
2. Avec la préparation, façonnez des petites boules entre vos mains puis aplatissez-les légèrement de façon à obtenir des galettes.
3. Faites chauffer un fond d'huile dans une poêle puis faites dorer les galettes 1 minute environ de chaque côté (elles doivent être suffisamment colorées).
4. Servez les crab cakes bien chauds avec une salade verte ou des frites.

Travers de porc caramélisés au miel

Pour 4 personnes
Préparation : 10 min
Marinade : 2 h
Cuisson : 25 min

1,2 kg de travers de porc
3 cuillerées à soupe de miel
2 cuillerées à soupe de sauce soja
½ cuillerée à café de gingembre frais râpé
2 cuillerées à soupe d'huile
1 cuillerée à soupe de vinaigre de Xérès

1. Découpez les travers de porc en suivant chaque os. Déposez-les dans un plat creux.
2. Ajoutez les autres ingrédients dans le plat et faites mariner la viande pendant 2 heures au réfrigérateur.
3. Dans une poêle, saisissez les travers de chaque côté sur feu moyen puis baissez-le feu, ajoutez 10 cl d'eau, couvrez et laissez mijoter 20 minutes.
4. Dégustez les travers bien chauds avec une purée de pommes de terre.

Hash Brown

Pour 10 galettes
Préparation : 15 min
Cuisson : 20 min

500 g de pommes de terre type bintje ou belle de Fontenay
6 brins de persil plat ou de cerfeuil ciselés
¼ de cuillerée à café de muscade
Beurre
Sel, poivre
Huile neutre pour la cuisson

1. Épluchez les pommes de terre et déposez-les au fur et à mesure dans un grand saladier d'eau froide. Rincez-les et essuyez-les avec un torchon.
2. Râpez les pommes de terre à l'aide d'un robot muni de la râpe à gros trous.
3. Mélangez les pommes de terre râpées dans un saladier avec ½ cuillerée à café de sel, 8 tours de poivre du moulin, les herbes ciselées et la muscade.
4. Dans une poêle, faites chauffer un filet d'huile avec une noisette de beurre. Déposez 3 petits tas de pommes de terre puis tassez-les bien à l'aide d'une cuillère. Faites-les colorer 7 à 8 minutes de chaque côté à feu doux.
5. Réalisez ainsi les autres galettes.

Œufs brouillés au bacon

Pour 4 personnes
Préparation : 5 min
Cuisson : 10 min

8 gros œufs
8 tranches de bacon
Sel, poivre

1. Dans une poêle bien chaude, faites griller les tranches de bacon 1 à 2 minutes de chaque côté.
2. Dans un saladier en verre, battez les œufs avec une fourchette ou un fouet.
3. Faites chauffer de l'eau dans une casserole puis placez le saladier dessus.
4. Faites cuire les œufs au bain-marie en fouettant sans cesse jusqu'à ce qu'ils commencent à se solidifier (ils doivent rester un peu humides).
5. Salez et poivrez. Servez aussitôt avec le bacon grillé.

Œufs Benedict

Pour 2 personnes
Préparation : 10 min
Cuisson : 5 min

1 muffin anglais
2 œufs
2 tranches de bacon

Pour la sauce hollandaise
1 jaune d'œuf
½ cuillerée à café de Maïzena®
Le jus de ½ citron
60 g de beurre
1 cuillerée à soupe de vinaigre

1. Préparez la sauce hollandaise : dans une casserole, délayez la Maïzena® avec 3 cl d'eau froide. Ajoutez le jaune d'œuf et le jus de citron. Faites cuire le mélange sur feu doux pour qu'il épaississe légèrement. Incorporez peu à peu le beurre coupé en morceaux et laissez cuire en remuant afin d'obtenir une sauce onctueuse. Réservez au chaud.
2. Coupez le muffin en deux.
3. Dans une poêle bien chaude, faites griller les tranches de bacon 1 minute de chaque côté. Posez 1 tranche sur chaque demi-muffin.
4. Portez à frémissement une casserole d'eau vinaigrée. Cassez un à un les œufs dans une louche et déposez-les délicatement dans l'eau frémissante. Laissez cuire 3 minutes.
5. Retirez les œufs délicatement avec une écumoire et déposez-les sur les tranches de bacon. Nappez avec un peu de sauce et servez aussitôt.

Cornet de frites

Pour 4 personnes
Préparation : 15 min
Cuisson : 20 min

1 kg de pommes de terre à chair ferme (bintje, charlotte...)
Sel
Huile de friture

1. Épluchez les pommes de terre. Coupez-les en lamelles de 1 cm d'épaisseur environ puis en bâtonnets.
2. Lavez-les pour retirer l'amidon et essuyez-les bien avec un torchon.
3. Faites chauffer l'huile de friture à 180 °C.
4. Plongez les frites et faites cuire 12 minutes. Sortez-les du bain de friture et laissez-les s'égoutter.
5. Plongez les frites à nouveau quelques minutes dans l'huile bien chaude pour finir de les dorer et leur donner un aspect croustillant. Saupoudrez de sel et servez sans attendre.

Pain de viande

Pour 6 à 8 personnes
Préparation : 10 min
Cuisson : 50 min

700 g de bœuf haché
2 œufs
1 oignon
70 g de chapelure
150 g de ketchup
+ 3 cuillerées à soupe
2 cuillerées à soupe
de moutarde
Sel, poivre

1. Préchauffez le four à 180 °C (th. 6).
2. Pelez et émincez finement l'oignon.
3. Dans un saladier, mélangez la viande et l'oignon. Ajoutez le reste des ingrédients et remuez à la main pour obtenir une préparation homogène.
4. Déposez la préparation dans un moule à cake puis badigeonnez le dessus de ketchup.
5. Enfournez et faites cuire 50 minutes.
6. Laissez le pain de viande refroidir totalement avant de le démouler. Dégustez avec des crudités.

Cupcakes myrtilles-violette

Pour 4 cupcakes
Préparation : 20 min
Cuisson : 20 min

50 g de myrtilles
1 œuf
60 g de farine
1 cuillerée à café rase de levure chimique (5 g)
60 g de sucre semoule
50 g de beurre fondu
1 cuillerée à soupe de lait

Pour la déco
65 g de fromage frais à tartiner type St Môret®
20 g de sucre glace
Quelques gouttes d'arôme de violette
1 pincée de colorant alimentaire violet

1. Préchauffez le four à 180 °C (th. 6).
2. Dans un saladier, battez l'œuf avec le beurre fondu. Ajoutez le sucre, la levure et la farine. Mélangez le tout. Incorporez ensuite les myrtilles puis le lait en remuant délicatement.
3. Répartissez la préparation dans des caissettes à cupcakes en vous arrêtant à 1 ou 2 cm du bord. Enfournez et faites cuire 20 minutes environ. Laissez entièrement refroidir.
4. Dans un bol, mélangez vivement le fromage frais avec le sucre glace, l'arôme de violette et le colorant.
5. À l'aide d'une poche munie d'une douille cannelée, décorez le dessus des gâteaux de crème à la violette.

Cupcakes chocolat noir-fève tonka

Pour 6 cupcakes
Préparation : 40 min
Repos : 1 h
Cuisson : 20 min

Pour la pâte
100 g de chocolat noir à pâtisser
½ fève tonka
2 œufs
110 g de farine
1 cuillerée à café rase de levure chimique (5 g)
80 g de sucre semoule
80 g de beurre

Pour la ganache
100 g de chocolat noir à pâtisser
8 cl de crème liquide entière

1. Préparez la ganache : faites fondre le chocolat concassé au bain-marie. Incorporez la crème liquide afin d'obtenir une ganache homogène. Placez au réfrigérateur 1 heure minimum pour la laisser durcir.
2. Préchauffez le four à 180 °C (th. 6).
3. Réalisez la pâte : faites fondre au bain-marie le beurre avec le chocolat concassé. Hors du feu, ajoutez la farine et la levure. Incorporez ensuite le sucre et les œufs. Ajoutez la fève tonka râpée.
4. Répartissez la préparation dans des caissettes à cupcakes en vous arrêtant à 1 ou 2 cm du bord. Enfournez et faites cuire 20 minutes environ. Laissez entièrement refroidir.
5. À l'aide d'une poche munie d'une douille cannelée, décorez le dessus des gâteaux de ganache.

Cupcakes banane-chocolat blanc

Pour 6 cupcakes
Préparation : 30 min
Repos : 2 h
Cuisson : 20 min

150 g de banane bien mûre
1 œuf
130 g de farine
1 cuillerée à soupe de levure chimique (10 g)
60 g de sucre semoule
60 g de beurre fondu

Pour la ganache
160 g de chocolat blanc à pâtisser
100 g de banane

1. Réalisez la ganache : mixez la chair de banane. Faites fondre le chocolat blanc au bain-marie puis mélangez-le à la purée de banane. Placez cette ganache 2 heures minimum au réfrigérateur.
2. Préchauffez le four à 180 °C (th. 6).
3. Préparez les gâteaux : écrasez la banane avec le beurre fondu. Ajoutez la farine, la levure et le sucre. Incorporez l'œuf en fouettant jusqu'à obtenir une pâte bien lisse.
4. Répartissez la préparation dans des caissettes à cupcakes en vous arrêtant à 1 ou 2 cm du bord. Enfournez et faites cuire 20 minutes environ.
5. À l'aide d'une poche à douille, décorez le dessus des gâteaux de ganache à la banane.

Cupcakes potiron-sirop d'érable

Pour 6 cupcakes
Préparation : 20 min
Repos : 1 h
Cuisson : 20 min

120 g de chair de potiron
50 g de sirop d'érable
1 œuf
80 g de farine
1 cuillerée à café rase de levure chimique (5 g)
20 g de sucre roux
1 pincée de cannelle
30 g de beurre fondu

Pour le glaçage
100 g de chocolat blanc à pâtisser
30 g de crème liquide entière

1. Réalisez le glaçage : faites fondre le chocolat blanc au bain-marie. Incorporez la crème liquide. Placez ce mélange 1 heure minimum au réfrigérateur.
2. Préchauffez le four à 180 °C (th. 6).
3. Dans un saladier, mélangez la farine, la levure et le sucre. Incorporez le beurre fondu, l'œuf et le sirop d'érable.
4. Râpez finement le potiron cru puis incorporez-le à la pâte. Ajoutez la pincée de cannelle et mélangez.
5. Répartissez la préparation dans des caissettes à cupcakes en vous arrêtant à 1 ou 2 cm du bord. Enfournez et faites cuire 20 minutes environ. Laissez entièrement refroidir.
6. À l'aide d'une poche munie d'une douille cannelée, décorez le dessus des gâteaux de glaçage.

Cupcakes carotte-abricot

Pour une dizaine de cupcakes
Préparation : 30 min
Cuisson : 20 min

100 g de carotte râpée
6 abricots
2 œufs
150 g de farine
½ sachet de levure chimique
½ cuillerée à café de cannelle
Quelques cuillerées à soupe de confiture d'abricots
100 g de sucre semoule
5 cl d'huile

1. Préchauffez le four à 180 °C (th. 6).
2. Dans un saladier, mélangez la carotte râpée avec la cannelle, la farine, la levure et le sucre. Incorporez les œufs l'un après l'autre puis l'huile.
3. Coupez 3 abricots en cubes et mélangez-les à la pâte.
4. Répartissez la préparation dans des caissettes à cupcakes en vous arrêtant à 1 ou 2 cm du bord. Enfournez et faites cuire 20 minutes environ. Laissez entièrement refroidir.
5. Coupez le reste des abricots en fines tranches.
6. Étalez un peu de confiture sur les cupcakes (juste pour les faire briller) puis décorez-les de tranches d'abricot.

Recette de Margot® :
http://www.justeunebouchee.fr

Cupcakes à la cerise

Pour 8 à 10 cupcakes
Préparation : 15 min
Cuisson : 20 min

200 g de cerises
2 gros œufs (ou 3 petits)
150 g de farine
1 cuillerée à café rase de levure chimique (5 g)
120 g de sucre semoule
100 g de beurre ramolli
2 cuillerées à soupe de lait

Pour la déco
150 g de fromage frais à tartiner type St Môret®
50 g de sucre glace
1 pincée de colorant alimentaire rose

1. Préchauffez le four à 180 °C (th. 6).
2. Dans un saladier, mélangez le beurre et le sucre de façon bien homogène. Incorporez les œufs l'un après l'autre. Ajoutez ensuite la farine, la levure et le lait.
3. Dénoyautez les cerises et mélangez-les à la pâte.
4. Répartissez la préparation dans des caissettes à cupcakes en vous arrêtant à 1 ou 2 cm du bord. Enfournez et faites cuire 20 minutes environ. Laissez entièrement refroidir.
5. Dans un bol, fouettez vivement le fromage frais avec le sucre glace et le colorant.
6. À l'aide d'une poche à douille, décorez le dessus des cupcakes de glaçage.

Cupcakes tout chocolat

Pour 6 cupcakes
Préparation : 30 min
Repos : 20 min
Cuisson : 20 min

Pour la pâte
100 g de chocolat noir à pâtisser
2 œufs
120 g de farine
1 cuillerée à soupe de levure chimique (10 g)
20 g de cacao amer
80 g de sucre semoule
4 cl de lait
80 g de beurre

Pour la ganache
150 g de chocolat noir à pâtisser
5 cl de lait
50 g de beurre fondu

1. Préchauffez le four à 180 °C (th. 6).
2. Réalisez la pâte : faites fondre au bain-marie le chocolat concassé avec le beurre.
3. Dans un saladier, tamisez ensemble la farine, la levure et le cacao. Ajoutez le sucre puis les œufs et le lait. Incorporez le chocolat fondu.
4. Répartissez la préparation dans des caissettes à cupcakes en vous arrêtant à 1 ou 2 cm du bord. Enfournez et faites cuire 20 minutes environ. Laissez refroidir entièrement.
5. Préparez la ganache : dans une casserole, faites fondre le chocolat concassé avec le lait. Mélangez puis ajoutez le beurre fondu. Laissez refroidir environ 20 minutes.
6. Lorsque la crème est encore souple, émulsionnez-la au batteur afin qu'elle s'éclaircisse et prenne une texture de crème fouettée.
7. Remplissez sans attendre une poche à douille de ganache puis décorez les cupcakes.

Cupcakes meringués groseille-vanille

Pour 10 à 12 cupcakes
Préparation : 15 min
Cuisson : 25 min

100 g de groseilles
2 gros œufs
150 g de farine de blé T65
1 cuillerée à café rase de levure chimique (5 g)
½ cuillerée à café de vanille en poudre
120 g de sucre roux
2 cuillerées à soupe de lait
100 g de beurre ramolli

Pour la meringue
1 blanc d'œuf
40 g de sucre glace

1. Préchauffez le four à 180 °C (th. 6).
2. Lavez et égrenez les groseilles.
3. Dans un saladier, mélangez le beurre et le sucre à l'aide d'un fouet électrique. Tout en continuant de fouetter, ajoutez la vanille puis les œufs l'un après l'autre et le lait. Incorporez la farine et la levure préalablement tamisées. Ajoutez délicatement les groseilles.
4. Répartissez la préparation dans des caissettes à cupcakes en vous arrêtant à 1 ou 2 cm du bord. Enfournez et faites cuire 20 minutes environ. Laissez refroidir entièrement. Maintenez le four allumé à 180 °C.
5. Réalisez la meringue : montez le blanc d'œuf en neige ferme avec le sucre glace.
6. À l'aide d'une poche munie d'une douille cannelée, décorez les cupcakes de meringue.
7. Passez les cupcakes au four 5 minutes environ pour faire dorer la meringue. Laissez-les refroidir avant de déguster.

Cupcakes myrtilles-framboises

Pour 6 cupcakes
Préparation : 30 min
Cuisson : 20 min

50 g de myrtilles fraîches
50 g de brisures de framboises surgelées
50 g de beurre
60 g de farine
1 cuillerée à café rase de levure chimique (5 g)
40 g de sucre semoule
1 gros œuf

Pour la déco
20 g de sucre glace
100 g de fromage frais à tartiner (type St Môret®)
1 pincée de colorant rose alimentaire

1. Préchauffez le four à 180 °C (th. 6).
2. Préparez la pâte : faites fondre le beurre. Dans un saladier, mélangez-le avec la farine et la levure. Incorporez ensuite le sucre et l'œuf.
3. Ajoutez les fruits et mélangez délicatement pour éviter de les écraser.
4. Versez la préparation dans des caissettes à cupcakes en vous arrêtant à 1 ou 2 cm du bord. Enfournez et faites cuire environ 20 minutes. Laissez-les refroidir.
5. Préparez la crème pour la déco : à l'aide d'une spatule, mélangez le sucre glace avec le fromage frais, puis ajoutez le colorant.
6. À l'aide d'une poche à douille cannelée, décorez les cupcakes avec la crème.

Astuce : le colorant en poudre permet de colorer très vivement la préparation sans en modifier la texture, contrairement aux colorants liquides.

Cupcakes meringués à la rhubarbe

Pour 6 cupcakes
Préparation : 20 min
Repos : 1 h
Cuisson : 25 min

150 g de rhubarbe
100 g de sucre semoule
1 œuf entier + 1 jaune
60 g de beurre fondu
130 g de farine
1 cuillerée à café rase de levure chimique (5 g)

Pour la meringue
1 blanc d'œuf
60 g de sucre semoule

1. Préchauffez le four à 180 °C (th. 6).
2. Coupez la rhubarbe en tout petits dés et laissez-les macérer dans 60 g de sucre pendant 1 heure.
3. Dans un saladier, battez l'œuf entier et le jaune avec le reste de sucre. Incorporez le beurre fondu, la farine et la levure. Ajoutez la rhubarbe. Mélangez délicatement.
4. Versez la pâte dans des caissettes à cupcakes en vous arrêtant à 1 ou 2 cm du bord. Enfournez et faites cuire environ 20 minutes. Laissez-les refroidir. Maintenez le four allumé à 180° C.
5. Préparez la meringue : montez le blanc d'œuf en neige ferme. Ajoutez le sucre et continuez de fouetter jusqu'à ce que la meringue soit bien brillante.
6. À l'aide d'une poche à douille, décorez les cupcakes avec la meringue.
7. Passez les cupcakes au four 5 minutes environ pour faire dorer la meringue. Laissez-les refroidir avant de déguster.

Muffins au beurre de cacahuètes et aux pépites de chocolat

Pour 12 muffins
Préparation : 10 min
Cuisson : 20 min

250 g de beurre de cacahuètes
200 g de pépites de chocolat
1 œuf
250 g de farine avec levure incorporée
80 g de sucre semoule
25 cl de lait
30 g de beurre fondu
Beurre pour les moules

1. Préchauffez le four à 180 °C (th. 6).
2. Tamisez la farine dans un saladier. Ajoutez le sucre et les pépites de chocolat. Formez un puits puis déposez l'œuf et le beurre de cacahuètes. Ajoutez le beurre fondu et le lait. Mélangez le tout jusqu'à l'obtention d'une pâte homogène.
3. Répartissez la préparation dans des moules à muffins beurrés.
4. Enfournez et faites cuire 20 minutes environ. Laissez refroidir les muffins sur une grille.

Mon conseil : vous pouvez utiliser des moules en silicone ; dans ce cas, inutile de les beurrer.

Muffins aux myrtilles

Pour 10 à 12 muffins
Préparation : 15 min
Cuisson : 20 min

200 g de myrtilles
2 œufs
260 g de farine
½ sachet de levure chimique
160 g de sucre semoule
14 cl de lait
6 cl d'huile
1 pincée de sel
Beurre pour les moules

1. Préchauffez le four à 180 °C (th. 6).
2. Dans un saladier, tamisez ensemble la farine et la levure. Ajoutez le sucre et le sel.
3. Dans un autre récipient, battez les œufs à l'aide d'un fouet. Ajoutez l'huile et le lait. Versez dans le saladier de farine et mélangez les deux préparations juste pour qu'elles soient homogènes.
4. Incorporez les myrtilles délicatement (ne travaillez pas trop la pâte).
5. Répartissez la préparation dans des moules à muffins beurrés.
6. Enfournez et faites cuire 20 minutes environ. Laissez refroidir les muffins sur une grille.

Muffins à la banane, cœur Nutella®

Pour 6 à 8 muffins
Préparation : 20 min
Cuisson : 20 min

2 grandes bananes
6 à 8 cuillerées à café de Nutella®
1 gros œuf
150 g de farine de blé T65
1 cuillerée à café rase de levure chimique (5 g)
75 g de sucre semoule
70 g de beurre fondu
Beurre pour les moules

1. Préchauffez le four à 180 °C (th. 6).
2. Pelez les bananes et écrasez la chair dans un saladier. Incorporez l'œuf battu et le beurre fondu.
3. Dans un autre récipient, tamisez ensemble la farine et la levure. Ajoutez le sucre. Versez sur la banane écrasée et mélangez les deux préparations juste pour qu'elles soient homogènes.
4. Répartissez la préparation dans des moules à muffins beurrés en les remplissant aux deux tiers. Ajoutez 1 cuillerée à café de Nutella® au centre de chaque muffin puis recouvrez avec 1 grosse cuillerée à café de pâte restante.
5. Enfournez et faites cuire 20 minutes environ. Laissez refroidir les muffins sur une grille.

Muffins framboises-pralin

Pour 6 muffins
Préparation : 20 min
Cuisson : 20 min

120 g de framboises
50 g de pralin
1 gros œuf
70 g de farine
½ cuillerée à café
de levure chimique (2,5 g)
50 g de sucre semoule
2 cuillerées à soupe de lait
60 g de beurre fondu
Beurre pour les moules

1. Préchauffez le four à 180 °C (th. 6).
2. Dans un saladier, battez l'œuf et le sucre à l'aide d'un fouet.
3. Incorporez le beurre fondu puis la farine et la levure tamisées. Ajoutez délicatement les framboises et le pralin.
4. Répartissez la préparation dans des moules à muffins beurrés. Enfournez et faites cuire 20 minutes environ. Laissez refroidir les muffins sur une grille.

Muffins aux airelles

Pour 6 muffins
Préparation : 20 min
Cuisson : 20 min

75 g d'airelles fraîches
1 œuf
160 g de farine
1 sachet de levure chimique
65 g de sucre semoule
Le jus et le zeste de 1 orange
3 cuillerées à soupe d'huile

1. Préchauffez le four à 180 °C (th. 6).
2. Dans un saladier, tamisez ensemble la farine et la levure. Ajoutez le sucre.
3. Dans un autre récipient, battez l'œuf à l'aide d'un fouet. Ajoutez le jus et le zeste d'orange puis l'huile. Versez dans le saladier de farine et mélangez les deux préparations juste pour qu'elles soient homogènes (ne travaillez pas trop la pâte). Incorporez délicatement les airelles.
4. Répartissez la préparation dans des moules à muffins beurrés. Enfournez et faites cuire 20 minutes environ. Laissez refroidir les muffins sur une grille.

Muffins aux Smarties®

Pour 12 muffins
Préparation : 15 min
Cuisson : 20 min

200 g de Smarties®
280 g de farine
1 cuillerée à soupe de levure chimique (10 g)
135 g de sucre semoule
1 pincée de sel
2 œufs
2 cuillerées à soupe d'huile
12 cl de lait
Beurre pour les moules

1. Préchauffez le four à 180 °C (th. 6). Dans un saladier, tamisez la farine et la levure. Ajoutez le sucre et le sel.
2. Dans un autre récipient, battez les œufs avec un fouet. Versez l'huile et le lait.
3. Réunissez les deux préparations et mélangez doucement avec une cuillère en bois. Lorsque la pâte est homogène, ajoutez les Smarties® et mélangez à nouveau mais ne travaillez pas trop la pâte.
4. Répartissez la pâte dans des moules à muffins beurrés. Enfournez et laissez cuire 20 minutes environ. Laissez les muffins refroidir sur une grille.

Variante : des pépites de chocolat à la place des Smarties® conviendront aussi parfaitement.

Whoopie pies à la myrtille

Pour 15 whoopie pies
Préparation : 20 min
Cuisson : 10 min

Pour les coques
1 gros œuf
200 g de farine de blé T65
5 cl de lait de coco
120 g de sucre blond de canne
120 g de beurre ramolli
Étoiles en sucre pour la déco

Pour la crème à la myrtille
50 g de myrtilles
200 g de mascarpone
30 g de sucre semoule
3 gouttes d'arôme naturel de violette

1. Préchauffez le four à 180 °C (th. 6).
2. Réalisez les coques : dans un saladier, battez le beurre avec le sucre à la fourchette jusqu'à avoir un mélange mousseux. Incorporez l'œuf battu puis la farine. Ajoutez peu à peu le lait de coco et mélangez bien la pâte.
3. À l'aide d'une cuillère ou d'une poche à douille, déposez 30 petits tas de pâte sur une plaque recouverte de papier sulfurisé, en les espaçant. Enfournez et faites cuire 10 minutes. Laissez refroidir sur une grille.
4. Réalisez la crème à la myrtille : dans un saladier, écrasez le mascarpone avec les myrtilles et le sucre à l'aide d'une fourchette. Ajoutez l'arôme de violette.
5. Garnissez 15 coques de crème à la myrtille puis recouvrez avec les coques restantes.

Whoopie pies au Nutella® et au beurre de cacahuètes

Pour 25 whoopie pies
Préparation : 15 min
Cuisson : 10 min

50 g de chocolat noir à pâtisser
110 g de beurre ramolli
120 g de sucre semoule
10 g de cacao en poudre
200 g de farine
1 cuillerée à café rase de levure chimique (5 g)
1 œuf
9 cl de crème fraîche liquide
Cassonade

Pour la garniture
10 cuillerées à soupe de Nutella®
5 cuillerées à soupe de beurre de cacahuètes

1. Préchauffez le four à 180 °C (th. 6).
2. Dans un saladier, travaillez le beurre avec le sucre et le cacao. Ajoutez la farine, la levure et l'œuf. Mélangez.
3. Dans une casserole, faites fondre le chocolat avec la crème à feu très doux, puis incorporez à la pâte.
4. À l'aide d'une poche à douille, formez 50 petits tas de pâtes de 3 cm de large sur une plaque recouverte de papier sulfurisé. Saupoudrez la surface des whoopie pies de cassonade.
5. Faites-les cuire 10 minutes environ. Laissez-les refroidir sur une grille.
6. Préparez la garniture : mélangez le beurre de cacahuètes et le Nutella®.
7. Répartissez la garniture sur 25 coques, puis assemblez les whoopie pies.

Recette de Dorian® :
http://doriannn.blogspot.com

Whoopie pies au chocolat

Pour 16 whoopie pies
Préparation : 15 min
Cuisson : 10 min

20 g de cacao en poudre
1 cuillerée à café rase de levure chimique (5 g)
2 œufs
70 g de sucre semoule
125 g de farine
40 g de beurre
3 cl de lait

Pour la crème
100 g de fromage frais à tartiner (type St Môret®)
20 g de sucre glace

1. Préchauffez le four à 180 °C (th. 6).
2. Battez les œufs et le sucre avec un fouet. Incorporez le cacao, la levure et la farine.
3. Dans une casserole, faites fondre le beurre avec le lait. Versez progressivement dans la pâte.
4. À l'aide d'une poche à douille, formez 32 boules de pâte et placez-les sur une plaque recouverte de papier sulfurisé. Faites cuire 10 minutes. Laissez-les refroidir sur une grille.
5. Préparez la crème : dans un saladier, à l'aide d'une fourchette, travaillez le fromage frais avec le sucre jusqu'à l'obtention d'une crème homogène.
6. Garnissez 16 coques de crème puis assemblez les whoopie pies. Réservez au frais.

Whoopie pies d'Halloween

Pour 15 whoopie pies
Préparation : 30 min
Repos : 30 min
Cuisson : 15 min

1 gros œuf
160 g de farine de blé T65
10 g de cacao amer
100 g de sucre blond de canne
3 cuillerées à soupe de lait
100 g de beurre ramolli
1 crayon pâtissier blanc

Pour la ganache
100 g de chocolat blanc à pâtisser
40 g de potimarron (ou potiron) cuit

1. Préchauffez le four à 180 °C (th. 6).
2. Dans un saladier, battez le beurre et le sucre à l'aide d'un fouet jusqu'à obtenir un mélange mousseux. Incorporez l'œuf battu puis la farine et le cacao. Versez le lait et mélangez la pâte afin qu'elle soit bien homogène.
3. À l'aide d'une poche à douille, déposez 30 petits tas de pâte sur une plaque de cuisson recouverte de papier sulfurisé, en les espaçant. Enfournez et faites cuire 12 minutes. Laissez refroidir.
4. Réalisez la ganache : écrasez finement la chair de potimarron. Faites fondre le chocolat blanc au bain-marie puis incorporez la purée de potimarron.
5. Remplissez une poche à douille de ganache et laissez durcir 30 minutes au réfrigérateur.
6. Garnissez généreusement 15 coques de ganache puis recouvrez avec les coques restantes.
7. À l'aide du crayon pâtissier, décorez le dessus des whoopies en dessinant une toile d'araignée.

Cheesecake aux framboises

Pour 6 personnes
Préparation : 25 min
Refroidissement : 30 min
Cuisson : 30 min
Repos : 3 h

200 g de framboises
200 g de petits-beurre
500 g de ricotta
2 œufs
100 g de sucre semoule
80 g de beurre ramolli

1. Mixez les biscuits avec le beurre afin d'obtenir un mélange homogène.
2. Tapissez le fond d'un moule à charnière de 24 cm de diamètre avec cette pâte en tassant bien avec les doigts. Placez le moule 30 minutes au réfrigérateur.
3. Préchauffez le four à 180 °C (th. 6).
4. Mixez les framboises avec la ricotta, les œufs et le sucre.
5. Versez la garniture aux framboises sur le fond de pâte. Enfournez et faites cuire 30 minutes environ.
6. Laissez refroidir le cheesecake puis placez-le 3 heures minimum au réfrigérateur.

Cheesecake à la rhubarbe

Pour 6 à 8 personnes
Préparation : 20 min
Cuisson : 50 min

250 g de biscuits secs spécial cheesecake (digestive biscuits)
450 g de rhubarbe
20 g de graines de sésame
500 g de mascarpone
3 œufs
2 cuillerées à soupe de Maïzena®
220 g de sucre semoule
80 g de beurre

1. Préchauffez le four à 175 °C (th. 5-6).
2. Pelez la rhubarbe et coupez-la en morceaux. Faites-les cuire dans une casserole avec 50 g de sucre et 5 cl d'eau 10 minutes jusqu'à ce qu'ils soient tendres. Passez la préparation au tamis pour récupérer le jus.
3. Faites dorer les graines de sésame dans une poêle antiadhésive 3 minutes à feu doux.
4. Mixez les biscuits avec le beurre de façon homogène. Incorporez le sésame.
5. Tapissez le fond d'un moule à charnière de 24 cm de diamètre avec cette pâte en tassant bien avec les doigts.
6. Dans un saladier, mélangez le mascarpone avec les œufs et 110 g de sucre. Incorporez la Maïzena® et la rhubarbe.
7. Versez la garniture sur le fond de pâte. Enfournez et faites cuire 40 minutes environ. Laissez refroidir.
8. Versez le jus de rhubarbe réservé dans une casserole et ajoutez le reste de sucre. Faites cuire à feu doux jusqu'à l'obtention d'un sirop.
9. Dégustez le cheesecake avec le sirop de rhubarbe.

Cheesecake au citron

Pour 6 personnes
Préparation : 30 min
Refroidissement : 30 min
Cuisson : 30 min
Repos : 3 h

260 g de sablés
Le jus et le zeste de 1 citron
500 g de ricotta (ou Philadelphia®)
2 œufs
½ cuillerée à café d'extrait de vanille
125 g de sucre semoule
160 g de beurre fondu

1. À l'aide d'un rouleau à pâtisserie, réduisez les sablés en fine poudre. Déposez-les dans un saladier. Versez le beurre fondu par-dessus et mélangez avec une spatule pour former une pâte compacte.
2. Tapissez le fond et les parois d'un moule à charnière de 24 cm de diamètre avec cette pâte en tassant bien avec les doigts. Placez le moule 30 minutes au réfrigérateur.
3. Préchauffez le four à 180 °C (th. 6).
4. À l'aide du batteur, mélangez la ricotta avec le sucre, la vanille, le jus et le zeste de citron, jusqu'à ce que la préparation soit bien homogène. Ajoutez les œufs l'un après l'autre en fouettant bien à chaque fois.
5. Versez la garniture au citron sur le fond de pâte. Enfournez et faites cuire 30 minutes environ.
6. Laissez refroidir le cheesecake puis placez-le 3 heures minimum au réfrigérateur.

Mini-cheesecakes au chocolat

Pour 2 personnes
Préparation : 15 min
Cuisson : 20 min
Repos : 1 h

6 petits-beurre
50 g de chocolat noir à pâtisser
150 g de ricotta (ou Philadelphia®)
1 œuf
50 g de sucre semoule
20 g de beurre fondu

1. Découpez 2 carrés de papier sulfurisé et posez-les sur une plaque de cuisson. Placez sur chacun 1 cercle à pâtisserie de 9 cm de diamètre.
2. Préchauffez le four à 180 °C (th. 6).
3. Mixez les biscuits avec le beurre de façon à obtenir un mélange compact. Répartissez cette pâte dans les cercles à pâtisserie en tassant bien avec les doigts.
4. Faites fondre le chocolat au bain-marie.
5. Mixez la ricotta avec l'œuf, le chocolat fondu et le sucre. Versez cette préparation sur les fonds de pâte.
6. Enfournez et faites cuire 15 à 20 minutes.
7. Laissez refroidir les mini-cheesecakes puis placez-les 1 heure minimum au réfrigérateur.

Cheesecake au potimarron

Pour 6 personnes
Préparation : 30 min
Cuisson : 30 min
Repos : 1 h

260 g de sablés
400 g de purée de potimarron
500 g de ricotta (ou Philadelphia®)
3 gros œufs
1 cuillerée à café de mélange quatre-épices
100 g de cassonade
50 g de beurre fondu

1. Préchauffez le four à 180 °C (th. 6).
2. Mixez les biscuits avec le beurre de façon à obtenir un mélange compact.
3. Tapissez le fond d'un moule à charnière de 24 cm de diamètre avec cette pâte en tassant bien avec les doigts.
4. Mixez la ricotta avec les œufs, la purée de potimarron, la cassonade et les épices. Versez cette garniture sur le fond de pâte.
5. Enfournez et faites cuire 30 minutes environ. Laissez refroidir puis placez 1 heure minimum au réfrigérateur.

New York Cheesecake

Pour 6 personnes
Préparation : 30 min
Cuisson : 50 min
Repos : 3 h

240 g de sablés
500 g de ricotta (ou Philadelphia®)
300 g de faisselle (ou fromage blanc)
200 g de crème fraîche épaisse
4 œufs
1 cuillerée à café de vanille en poudre
100 g de sucre semoule
100 g de beurre fondu

1. Préchauffez le four à 180 °C (th. 6).
2. Mixez les sablés avec le beurre fondu de façon à obtenir un mélange compact.
3. Tapissez le fond d'un moule à charnière de 24 cm de diamètre avec cette pâte en tassant bien avec les doigts.
4. Enfournez et faites cuire 5 minutes.
5. Pendant ce temps, battez les œufs dans un saladier. Ajoutez le sucre et la vanille. Fouettez énergiquement. Incorporez ensuite la ricotta, la faisselle et la crème fraîche à l'aide du fouet.
6. Versez la garniture au fromage sur le fond de tarte précuit. Baissez la température du four à 150 °C (th. 5) et faites cuire le cheesecake 50 minutes environ : il ne doit pas dorer (baissez le thermostat s'il colore trop vite).
7. Laissez refroidir le cheesecake puis placez-le 3 heures minimum au réfrigérateur.

Cookies aux pépites de chocolat

Pour 25 cookies
environ
Préparation : 10 min
Repos : 1 h
Cuisson : 12 min

100 g de pépites
de chocolat
1 œuf
250 g de farine
1 cuillerée à café rase
de levure chimique (5 g)
120 g de sucre semoule
120 g de sucre roux
125 g de beurre fondu

1. Préchauffez le four à 200 °C (th. 6-7).
2. Dans un saladier, mélangez les deux sucres avec la farine et la levure tamisées. Incorporez l'œuf battu, le beurre fondu puis les pépites de chocolat. Réservez la pâte 1 heure au réfrigérateur.
3. Avec une cuillère, prélevez des boules de pâte de la taille d'une noix, aplatissez-les légèrement entre la paume de vos mains et déposez-les sur une plaque de cuisson recouverte de papier sulfurisé, en les espaçant.
4. Enfournez et faites cuire 12 minutes environ. Laissez refroidir les cookies avant de les décoller du papier.

Mon conseil : veillez à ne pas trop cuire les cookies, car ils vont légèrement durcir en refroidissant. Si vous préférez des biscuits pas trop sucrés, diminuez un peu la quantité de sucre.

Cookies au beurre de cacahuètes

Pour 15 à 20 cookies
Préparation : 10 min
Cuisson : 12 min

60 g de cacahuètes non salées
70 g de beurre de cacahuètes
1 œuf
125 g de farine
½ cuillerée à café de levure chimique (2,5 g)
100 g de sucre semoule
100 g de beurre ramolli

1. Préchauffez le four à 180 °C (th. 6).
2. Dans un saladier, mélangez le beurre et le sucre de façon homogène.
3. Incorporez le beurre de cacahuètes et l'œuf battu. Ajoutez ensuite la farine et la levure tamisées puis les cacahuètes concassées.
4. Avec une cuillère, prélevez des boules de pâte de la taille d'une noix, aplatissez-les légèrement entre la paume de vos mains et déposez-les sur une plaque de cuisson recouverte de papier sulfurisé, en les espaçant.
5. Enfournez et faites cuire 12 minutes environ. Laissez refroidir les cookies avant de les décoller du papier.

Cookies aux noix de pécan

Pour 15 cookies
Préparation : 10 min
Cuisson : 12 min

50 g de noix de pécan
1 œuf
175 g de farine
1 cuillerée à café rase de levure chimique (5 g)
100 g de sucre semoule
100 g de beurre ramolli

1. Préchauffez le four à 180 °C (th. 6).
2. Dans un saladier, mélangez le beurre et le sucre de façon homogène.
3. Incorporez l'œuf battu puis la farine et la levure tamisées.
4. Hachez grossièrement les noix de pécan (gardez des morceaux suffisamment gros pour une dégustation gourmande) et ajoutez-les à la pâte.
5. Avec une cuillère, prélevez des boules de pâte de la taille d'une noix, aplatissez-les légèrement entre la paume de vos mains et déposez-les sur une plaque de cuisson recouverte de papier sulfurisé, en les espaçant.
6. Enfournez et faites cuire 12 minutes environ. Laissez refroidir les cookies avant de les décoller du papier.

Brownie aux noix de pécan

Pour 6 à 8 personnes
Préparation : 20 min
Cuisson : 25 min

125 g de chocolat noir
20 g de cacao amer à pâtisser
125 g de noix de pécan concassées grossièrement
80 g de farine
1 cuillerée à café rase de levure chimique (5 g)
2 œufs
100 g de beurre
150 g de sucre semoule

1. Préchauffez le four à 180 °C (th. 6).
2. Faites fondre au bain-marie le chocolat concassé avec le beurre.
3. Dans un saladier, battez les œufs et le sucre à l'aide d'un fouet. Ajoutez le cacao, la farine et la levure tamisées. Incorporez ensuite le chocolat fondu puis les noix de pécan.
4. Versez la préparation dans un moule carré de 20 × 20 cm chemisé de papier sulfurisé.
5. Enfournez et faites cuire 25 minutes environ. Laissez refroidir le brownie avant de le démouler.

Brownie aux éclats de chocolat blanc

Pour 6 à 8 personnes
Préparation : 15 min
Cuisson : 25 min

200 g de chocolat noir à pâtisser
100 g de chocolat blanc à pâtisser
2 œufs
80 g de farine
½ sachet de levure chimique
50 g de pignons de pin
150 g de sucre semoule
100 g de beurre

1. Préchauffez le four à 180 °C (th. 6).
2. Faites fondre au bain-marie le chocolat noir concassé avec le beurre.
3. Dans un saladier, battez les œufs et le sucre à l'aide d'un fouet. Ajoutez la farine et la levure tamisées puis le chocolat fondu.
4. Concassez le chocolat blanc en petits éclats puis incorporez-les à la préparation avec les pignons de pin.
5. Versez la préparation dans un moule carré de 20 × 20 cm chemisé de papier sulfurisé.
6. Enfournez et faites cuire 25 minutes environ. Laissez refroidir le brownie avant de le démouler.

Brownie au caramel

Pour 6 à 8 personnes
Préparation : 15 min
Cuisson : 25 min

180 g de chocolat noir à pâtisser
60 g de caramels mous
70 g de noix de pécan (ou de noix, noisettes...)
3 œufs
90 g de farine
150 g de sucre semoule
120 g de beurre

1. Préchauffez le four à 180 °C (th. 6).
2. Faites fondre au bain-marie le chocolat concassé avec le beurre.
3. Dans un saladier, battez les œufs à l'aide d'un fouet. Ajoutez le sucre et la farine tamisée. Incorporez le chocolat fondu.
4. Coupez les caramels en tout petits morceaux. Concassez les noix de pécan. Mélangez le tout à la pâte.
5. Versez la préparation dans un moule carré de 20 × 20 cm chemisé de papier sulfurisé.
6. Enfournez et faites cuire 25 minutes environ. Laissez refroidir le brownie avant de le démouler.

Blondie aux pistaches

Pour 6 à 8 personnes
Préparation : 15 min
Cuisson : 20 à 25 min

100 g de chocolat blanc
50 g de pistaches entières non salées, émondées
2 œufs
120 g de farine
½ cuillerée à café de levure chimique (2,5 g)
80 g de poudre d'amandes
100 g de sucre roux
100 g de beurre fondu

1. Préchauffez le four à 180 °C (th. 6).
2. Dans un saladier, battez les œufs et le sucre à l'aide d'un fouet. Incorporez le beurre fondu, la farine et la levure tamisées puis la poudre d'amandes.
3. Coupez le chocolat blanc en petits éclats et ajoutez-les à la pâte avec les pistaches.
4. Versez la préparation dans un moule carré de 20 × 20 cm chemisé de papier sulfurisé.
5. Enfournez et faites cuire 20 à 25 minutes. Laissez refroidir le gâteau avant de le découper en carrés.

Pâte à pancakes

Pour 20 à 30 pancakes
Préparation : 15 min
Repos : 1 h
Cuisson : 30 min

3 petits œufs (ou 2 gros)
250 g de farine
½ sachet de levure chimique
30 cl de lait
3 cuillerées à soupe de miel liquide
1 pincée de sel
Huile neutre pour la cuisson

1. Dans un saladier, tamisez la farine et la levure. Creusez un puits et ajoutez les œufs battus, le miel et le sel. Mélangez bien les ingrédients en incorporant le lait petit à petit, jusqu'à l'obtention d'une pâte lisse et homogène. Laissez reposer 1 heure.
2. Versez 1 petite louche de pâte dans une poêle à blinis huilée et faites cuire 2 à 3 minutes sur feu moyen sans chercher à étaler la pâte. Retournez ensuite la crêpe à l'aide d'une spatule afin de faire dorer l'autre face (le pancake doit rester moelleux à l'intérieur).
3. Dégustez les blinis ainsi réalisés avec du miel, du sirop d'érable ou des pommes caramélisées.

Mon conseil : veillez à ce que la chaleur soit bien répartie afin d'éviter que le pancake ne brûle avant d'être cuit.À défaut de poêle à blinis, versez 3 ou 4 petites louches de pâte dans une grande poêle huilée, sans qu'elles se touchent, et faites cuire de la même manière.

Pancakes cacao-myrtilles

Pour 12 pancakes
Préparation : 10 min
Cuisson : 20 min

100 g de myrtilles fraîches
2 cuillerées à soupe de cacao
1 gros œuf
18 cl de lait
125 g de farine
60 g de sucre semoule
1 pincée de sel
Huile neutre pour la cuisson

1. Séparez le blanc d'œuf du jaune. Dans un saladier, battez le jaune avec le lait. Ajoutez la farine, le sucre et le cacao.
2. Montez le blanc d'œuf en neige avec la pincée de sel. Incorporez-le délicatement à la préparation. Ajoutez les myrtilles.
3. Dans une grande poêle huilée bien chaude, versez 3 ou 4 petites louches de pâte et faites cuire 2 minutes environ : la surface va légèrement sécher. Retournez les pancakes à l'aide d'une spatule et laissez dorer 1 minute (ils doivent être moelleux à l'intérieur).

Mon conseil : évitez d'utiliser des myrtilles surgelées qui ne donneraient pas la même saveur.

Pancakes au potimarron

Pour 15 pancakes
environ
Préparation : 15 min
Repos : 1 h
Cuisson : 30 min

160 g de purée
de potimarron
1 œuf
150 g de farine
50 g de sucre semoule
20 cl de lait de soja
à la vanille
1 cuillerée à soupe
d'huile
Huile neutre pour
la cuisson

1. Séparez le blanc d'œuf du jaune.
2. Dans un saladier, fouettez le jaune et le sucre. Ajoutez la purée de potimarron, le lait de soja, l'huile et la farine. Mélangez bien le tout
3. Montez le blanc en neige puis incorporez-le à la pâte. Laissez-la reposer 1 heure.
4. Versez 1 petite louche de pâte dans une poêle à blinis huilée (ou 3 ou 4 petites louches dans une grande poêle) et faites cuire les pancakes 2 à 3 minutes de chaque côté sur feu moyen.

Pancakes au lait de coco

Pour une quinzaine
de pancakes
Préparation : 15 min
Repos : 1 h
Cuisson : 30 min

3 œufs
130 g de farine de blé blanche
70 g de farine de blé complète
1 sachet de levure chimique
20 cl de lait de coco
60 g de sucre semoule
Huile neutre pour la poêle

1. Dans un saladier, battez les œufs à l'aide d'un fouet.
2. Incorporez les farines, la levure, le lait de coco et le sucre.
3. Laissez reposer la pâte sous un linge pendant 1 heure à température ambiante.
4. Faites cuire les pancakes 1 minute de chaque côté dans une poêle à blinis légèrement huilée.

Mon conseil : vous pouvez ajouter à la pâte un peu de noix de coco râpée.

Pancakes à la crème de marrons

Pour une douzaine
de pancakes
Préparation : 10 min
Repos : 1 h
Cuisson : 20 min

160 g de crème
de marrons
2 œufs
150 g de farine de blé T65
1 cuillerée à café
de levure chimique (5 g)
10 cl de lait
Huile neutre pour
la cuisson

1. Dans un saladier, battez les œufs avec la farine et la levure tamisées à l'aide d'un fouet. Ajoutez peu à peu le lait puis la crème de marrons. Laissez reposer 1 heure au frais.

2. Faites chauffer une poêle légèrement huilée. Déposez une petite louche de pâte et étalez-la légèrement. Faites cuire 2 à 3 minutes jusqu'à ce que des petites bulles se forment à la surface. Retournez le pancake et laissez cuire encore 1 minute. Réalisez ainsi les autres pancakes.

3. Servez les pancakes avec une compote de pommes ou de la crème de marrons.

Pancakes au jus de cranberry

Pour une douzaine
de pancakes
Préparation : 10 min
Cuisson : 20 min

15 cl de jus de cranberry
125 g de farine
1 gros œuf
60 g de sucre semoule
1 pincée de sel
Huile neutre pour la cuisson

Pour l'accompagnement
Confiture de fruits rouges

1. Séparez le blanc d'œuf du jaune. Dans un saladier, battez le jaune avec le jus de cranberry. Ajoutez la farine et le sucre.
2. Montez le blanc d'œuf en neige avec la pincée de sel. Incorporez-le délicatement à la préparation.
3. Dans une grande poêle huilée bien chaude, versez 3 ou 4 petites louches de pâte et faites cuire 2 minutes environ : la surface va légèrement sécher. Retournez les pancakes à l'aide d'une spatule et laissez dorer 1 minute (ils doivent être moelleux à l'intérieur).
4. Servez les pancakes chauds avec de la confiture de fruits rouges.

Cake pops au chocolat

Pour 20 sucettes
Préparation : 1 h
Cuisson : 50 min
Repos : 1 h

Pour le cake
200 g de chocolat noir à pâtisser
1 yaourt
2 œufs
150 g de farine + un peu pour le moule
1 cuillerée à soupe de levure chimique (10 g)
170 g de sucre semoule
5 cl d'huile d'olive
Beurre pour le moule

Pour la ganache
100 g de chocolat noir à pâtisser
50 g de beurre

Pour la déco
120 à 150 g de chocolat blanc
Étoiles en sucre
Piques en bois

1. Préchauffez le four à 180° C (th. 6).
2. Réalisez le cake : dans un saladier, fouettez les œufs et le sucre jusqu'à ce que le mélange blanchisse. Ajoutez le yaourt puis la farine et la levure tamisées. Versez l'huile petit à petit en remuant : la pâte doit être bien lisse.
3. Faites fondre le chocolat concassé au bain-marie et mélangez-le aussitôt à la pâte.
4. Versez la préparation dans un moule beurré et fariné. Enfournez et faites cuire 50 minutes.
5. Pendant ce temps, préparez la ganache : faites fondre au bain-marie le chocolat concassé avec le beurre. Mélangez et laissez refroidir.
6. Mixez le gâteau refroidi. Ajoutez la ganache et mélangez afin d'obtenir une sorte de pâte. Réservez-la 30 minutes au réfrigérateur.
7. Façonnez des boules de pâte entre la paume de vos mains, de la taille d'une noix. Placez-les à nouveau 30 minutes au frais.
8. Faites fondre le chocolat blanc au bain-marie.
9. Sortez les boules de pâte du réfrigérateur. Enfoncez 1 pique en bois dans chacune. Enrobez les sucettes de chocolat blanc fondu et décorez d'étoiles en sucre. Laissez sécher avant de déguster.

Cake pops à la cannelle

Pour 15 sucettes
Préparation : 30 min
Cuisson : 5 min

300 g de gâteau au yaourt
130 g de fromage frais type St Môret®
120 g de chocolat blanc à pâtisser
½ cuillerée à café de cannelle
Sucres colorés
Piques en bois

1. Mixez finement le gâteau au yaourt avec la cannelle.
2. Mélangez le fromage frais au gâteau mixé de façon à obtenir une pâte.
3. Façonnez des boules de pâte entre la paume de vos mains, de la taille d'une noix. Enfoncez 1 pique en bois dans chaque boule.
4. Faites fondre le chocolat blanc au bain-marie.
5. Enrobez les sucettes de chocolat fondu et décorez-les de sucres colorés.

Banana Bread aux noisettes

Pour 6 à 8 personnes
Préparation : 20 min
Cuisson : 50 min

2 bananes bien mûres
2 œufs
220 g de farine
1 cuillerée à soupe de levure chimique (10 g)
30 g de noisettes hachées
140 g de sucre semoule
5 cl de lait
85 g de beurre ramolli
Huile pour le moule

1. Préchauffez le four à 180 °C (th. 6).
2. Pelez les bananes et coupez-les en morceaux. Mixez-les avec le lait.
3. Dans un saladier, travaillez le beurre et le sucre jusqu'à ce que le mélange soit crémeux. Ajoutez les œufs l'un après l'autre puis les bananes mixées. Incorporez la farine et la levure tamisées puis les noisettes hachées.
4. Versez la préparation dans un moule à cake légèrement huilé. Enfournez et faites cuire 50 minutes environ. Laissez refroidir le gâteau avant de démouler.

Cake citron-myrtilles

Pour 8 personnes
Préparation : 25 min
Cuisson : 45 à 50 min
Repos : 1 h

170 g de myrtilles
Le jus de 1 citron (10 cl)
3 œufs moyens
200 g de farine de blé T65
½ cuillerée à café
de levure chimique (2,5 g)
12 cl de lait
150 g de sucre semoule
100 g de beurre fondu
Beurre pour le moule

Pour le glaçage
120 g de sucre glace
1 cuillerée à soupe de lait
1 cuillerée à soupe de jus
de citron

1. Préchauffez le four à 180 °C (th. 6).
2. Dans un saladier, fouettez les œufs et le sucre jusqu'à ce que le mélange blanchisse.
3. Versez le lait peu à peu sur les œufs en remuant. Ajoutez la farine et la levure tamisées puis le beurre fondu et le jus de citron. Incorporez délicatement les myrtilles.
4. Versez la préparation dans un moule à cake beurré. Enfournez et faites cuire 45 à 50 minutes. Laissez refroidir le cake avant de démouler.
5. Réalisez le glaçage : dans un bol, mélangez le sucre glace avec le lait et le jus de citron de façon à avoir une texture épaisse.
6. Nappez le cake de glaçage. Réservez-le 1 heure environ au réfrigérateur pour qu'il durcisse.

Mon conseil : si vous utilisez un moule en silicone, inutile de le beurrer.

Pop-corn sucré à la cannelle

Pour 4 personnes
Préparation : 5 min
Cuisson : 15 min

150 g de maïs à pop-corn
80 g de sucre semoule
1 cuillerée à café de cannelle
4 cuillerées à soupe d'huile

1. Faites chauffer l'huile dans une casserole à fond épais.
2. Déposez le maïs dans la casserole. Couvrez et faites cuire sur feu vif en secouant de temps en temps la casserole jusqu'à ce que le maïs éclate (attention aux projections !).
3. Saupoudrez le pop-corn de sucre et de cannelle. Dégustez tiède ou froid.

Donuts

Pour 8 donuts
Préparation : 1 h
Repos : 1 h 45 min
Cuisson : 10 min

1 œuf moyen
250 g de farine de blé T65
½ sachet de levure de boulanger déshydratée
30 g de sucre semoule
10 cl de lait demi-écrémé tiède
1 cuillerée à soupe d'huile + un peu pour la cuisson
3 ou 4 cuillerées à soupe de noisettes hachées pour la déco

Pour le glaçage
150 g de sucre glace
2 cuillerées à soupe de sirop d'érable
1 cuillerée à soupe de lait

1. Réhydratez la levure dans 2 cuillerées à soupe d'eau tiède (laissez reposer 15 minutes).
2. Versez la farine dans un saladier. Ajoutez la levure réhydratée, le sucre, l'œuf battu, le lait tiède et l'huile. Travaillez la pâte à la main pour avoir un mélange homogène puis pétrissez-la longuement sur un plan de travail fariné en l'étirant afin d'incorporer de l'air. Couvrez et laissez reposer 1 heure dans un endroit tiède.
3. Reprenez la pâte, chassez l'air et étalez-la sur 1 cm d'épaisseur. Coupez 8 disques à l'aide d'un cercle à pâtisserie de 9 cm de diamètre puis placez un petit cercle à l'intérieur (douille ou emporte-pièce) et découpez. Laissez reposer les donuts 30 minutes.
4. Faites chauffer de l'huile (au moins 2 cm) dans une poêle puis faites dorer les donuts 30 secondes à 1 minute de chaque côté (baissez le feu si les donuts dorent trop vite). Déposez-les sur du papier absorbant.
5. Réalisez le glaçage en mélangeant vivement le sucre glace avec le sirop d'érable et le lait.
6. Trempez les donuts dans le glaçage puis décorez-les de noisettes hachées.

Cinnamon Pumpkin Rolls

Pour 8 personnes
Préparation : 30 min
Repos : 2 h 15
Cuisson : 25 min

150 g de purée de potimarron
1 gros œuf battu
400 g de farine de blé
1 sachet de levure de boulanger déshydratée (5 g)
30 g de sucre semoule
8 cl de lait
30 g de beurre
½ cuillerée à café de cannelle
½ cuillerée à café de sel fin

Pour la garniture
30 g de beurre fondu
70 g de sucre blond de canne
1 cuillerée à café de cannelle

1. Réhydratez la levure 15 minutes dans 2 cuillerées à soupe d'eau tiède.
2. Dans une casserole, faites chauffer le beurre et le lait. Laissez tiédir.
3. Dans un saladier, déposez la farine, la levure, le sucre, l'œuf, le potimarron, le sel la cannelle puis le mélange beurre-lait. Travaillez la pâte à la main pour avoir un mélange homogène puis pétrissez-la longuement sur un plan de travail fariné en l'étirant afin d'incorporer de l'air. Couvrez et laissez reposer 1 heure dans un endroit tiède.
4. Reprenez la pâte et chassez l'air. Étalez-la en rectangle. Badigeonnez-le de beurre fondu puis saupoudrez de cannelle et de sucre. Roulez le rectangle sur lui-même.
5. Coupez 10 à 12 rondelles dans le rectangle de pâte et déposez-les dans un moule à manqué recouvert de papier sulfurisé. Laissez reposer 1 heure.
6. Préchauffez le four à 180 °C (th. 6).
7. Enfournez et faites cuire 25 minutes environ.

Apple pie

Pour 6 personnes
Préparation : 20 min
Cuisson : 35 min

1 pâte brisée (230 g)
1 rouleau de pâte feuilletée
1 kg de pommes
1 œuf
2 cuillerées à soupe d'amandes effilées
1 cuillerée à soupe de cannelle
1 cuillerée à soupe de jus de citron
30 g de sucre roux

1. Préchauffez le four à 200 °C (th. 6-7).
2. Pelez les pommes, ôtez le cœur et coupez-les en dés.
3. Dans un saladier, mélangez les pommes avec le jus de citron, la cannelle, le sucre et les amandes.
4. Séparez le blanc d'œuf du jaune. Étalez la pâte brisée dans un moule à manqué de 24 cm environ de diamètre. À l'aide d'un pinceau, badigeonnez le fond de pâte avec du blanc d'œuf (pour éviter que la pâte soit détrempée par le jus des pommes). Répartissez les pommes dessus.
5. Déroulez la pâte feuilletée et découpez-la afin qu'elle soit légèrement plus grande que le moule. Déposez-la sur les pommes et soudez les deux pâtes entre elles.
6. Dorez le dessus de la pâte avec du jaune d'œuf dilué dans un peu d'eau. Faites un petit trou au centre de la tourte pour que la vapeur puisse s'échapper. Enfournez et faites cuire 35 minutes.
7. Servez l'apple pie tiède ou froide avec 1 boule de glace vanille.

Pecan pie

Pour 6 personnes
Préparation : 15 min
Cuisson : 30 min

1 pâte brisée (230 g)
100 g de noix de pécan
3 œufs
12 cl de sirop de maïs (ou sirop d'érable)
2 cuillerées à soupe de Maïzena®
80 g de sucre semoule
70 g de beurre fondu

1. Préchauffez le four à 180 °C (th. 6).
2. Étalez la pâte dans un moule à tarte de 26 cm de diamètre.
3. Délayez la Maïzena® dans le sirop. Mixez 50 g de noix de pécan.
4. Dans un saladier, battez les œufs à l'aide d'un fouet. Ajoutez la Maïzena® avec le sirop, le sucre et le beurre fondu. Incorporez les noix mixées.
5. Versez la garniture sur le fond de pâte puis répartissez les noix de pécan restantes.
6. Enfournez et faites cuire 30 minutes. Dégustez la tarte tiède ou froide.

Pumpkin pie

Pour 6 tartelettes
Préparation : 20 min
Cuisson : 40 min

350 g de potiron
1 pâte sablée
2 petits œufs
140 g de sirop d'érable
+ 6 cuillerées à café
pour le nappage
90 g de cerneaux
de noix

1. Préchauffez le four à 180 °C (th. 6).
2. Épluchez le potiron et coupez-le en petits dés. Faites-les cuire dans une casserole avec 5 cl d'eau 20 minutes à feu moyen en couvrant.
3. Étalez la pâte sablée dans 6 moules à tartelettes. Piquez les fonds avec une fourchette puis faites-les précuire 10 minutes.
4. Égouttez le potiron, puis mixez-le avec les œufs et le sirop d'érable.
5. Versez la préparation au potiron sur les fonds de tartelettes et répartissez les cerneaux de noix. Enfournez et faites cuire 10 minutes.
6. Avant de servir, nappez chaque tartelette d'1 cuillerée à café de sirop d'érable.

Carrot cake

Pour 6 à 8 personnes
Préparation : 20 min
Cuisson : 50 min

200 g de carottes râpées
3 œufs
260 g de farine de blé
½ cuillerée à café de levure chimique (2,5 g)
½ cuillerée à café de cannelle
12 cl de lait
100 g de cassonade
75 g de beurre fondu

Pour le glaçage
120 g de fromage frais type St Môret®
(ou Philadelphia®)
25 g de sucre semoule

1. Préchauffez le four à 180 °C (th. 6).
2. Dans un saladier, battez les œufs et la cassonade à l'aide d'un fouet. Ajoutez le beurre fondu puis incorporez peu à peu la farine et la levure tamisées. Ajoutez ensuite le lait, la cannelle puis les carottes râpées.
3. Versez la pâte dans un moule à cake. Enfournez et faites cuire 50 minutes. Laissez complètement refroidir le gâteau avant de le démouler.
4. Réalisez le glaçage : dans un bol, mélangez vivement le fromage frais et le sucre avec une fourchette.
5. Nappez le gâteau de glaçage et dégustez.

Cherry pie

Pour 6 à 8 personnes
Préparation : 30 min
Repos : 50 min
Cuisson : 45 min

Pour la pâte
2 œufs moyens
400 g de farine
80 g de sucre semoule
200 g de beurre

Pour la garniture
1 kg de cerises
25 g de fécule de maïs
2 cuillerées à soupe de jus de citron
140 g de sucre semoule

1. Préparez la garniture : lavez, équeutez et dénoyautez les cerises. Déposez-les dans une casserole. Ajoutez le sucre et la fécule de maïs diluée dans le jus de citron. Mélangez et laissez macérer 20 minutes.
2. Faites compoter les cerises macérées 10 minutes sur feu moyen, en remuant de temps en temps.
3. Réalisez la pâte : dans un saladier, mélangez du bout des doigts la farine, le sucre et le beurre coupé en petits morceaux de façon à avoir une texture sableuse. Incorporez les œufs battus. Formez une boule de pâte puis réservez-la 30 minutes au réfrigérateur.
4. Préchauffez le four à 180 °C (th. 6).
5. Prélevez deux tiers de la pâte. Abaissez-la sur un plan de travail fariné puis foncez un moule à tarte à haut bord. Piquez le fond avec une fourchette. Recouvrez de compotée de cerises.
6. Abaissez le reste de pâte puis découpez des lanières. Disposez-les sur la garniture en formant un joli quadrillage.
7. Enfournez et faites cuire la tarte 35 minutes. Laissez refroidir avant de déguster.

Corn Bread

Pour 8 personnes
Préparation : 20 min
Cuisson : 20 à 25 min

1 petite boîte de maïs (150 g)
200 g de polenta
2 gros œufs
200 g de farine
½ cuillerée à café de levure chimique (2,5 g)
30 cl de lait
60 g de sucre semoule
70 g de beurre fondu

1. Préchauffez le four à 180 °C (th. 6).
2. Dans un saladier, fouettez les œufs et le sucre. Ajoutez la farine et la levure tamisées. Incorporez ensuite le beurre fondu, le lait et la polenta.
3. Rincez les grains de maïs sous l'eau froide, égouttez-les et ajoutez-les à la pâte.
4. Versez la préparation dans un moule carré de 20 × 20 cm. Enfournez et faites cuire 20 à 25 minutes. Dégustez le pain de maïs tiède ou froid.

Red Velvet cake

Pour 8 personnes
Préparation : 40 min
Cuisson : 25 min

2 œufs
280 g de farine de blé T65
1 sachet de levure chimique
15 g de cacao amer
20 cl de lait demi-écrémé
200 g de sucre semoule
Le jus de 1 citron
100 g de beurre fondu
½ cuillerée à café de colorant alimentaire rouge en poudre

Pour le glaçage
500 g de mascarpone
250 g de sucre glace

1. Réalisez du babeurre maison : dans un bol, mélangez le lait avec le jus de citron et laissez reposer (le lait va tourner et devenir aigre).
2. Préchauffez le four à 180 °C (th. 6).
3. Dans un saladier, battez les œufs et le sucre à l'aide d'un fouet. Ajoutez la farine et la levure tamisées puis le babeurre, le beurre fondu et le cacao. Incorporez le colorant alimentaire.
4. Versez la préparation dans un moule à manqué de 24 cm de diamètre environ chemisé de papier sulfurisé.
5. Enfournez et faites cuire 25 minutes. À la sortie du four, démoulez sur une grille et laissez refroidir.
6. Réalisez le glaçage : dans un saladier, écrasez le mascarpone à l'aide d'une fourchette en ajoutant le sucre glace (travaillez le mélange pour qu'il soit souple mais pas trop liquide).
7. Coupez le gâteau en deux dans l'épaisseur (ou en trois, c'est encore mieux) et tartinez l'intérieur de glaçage au mascarpone. Déposez le gâteau sur un plat de présentation. Nappez le dessus et les côtés du gâteau de glaçage.

Beurre de cacahuètes maison

Pour 1 petit pot
Préparation : 5 min
Sans cuisson

220 g de cacahuètes non salées décortiquées
1 cuillerée à soupe de miel liquide
2 cuillerées à soupe d'huile de tournesol

1. Déposez les cacahuètes dans un blender. Ajoutez l'huile et le miel. Mixez finement jusqu'à l'obtention d'une préparation homogène.
2. Versez le beurre de cacahuètes dans un petit pot à confiture et utilisez-le en tartinade ou dans vos pâtisseries.

Mon conseil : pour avoir des cacahuètes non salées, le plus simple est d'acheter des cacahuètes entières encore dans leurs coques et de les décortiquer ; c'est un peu long mais le résultat sera bien meilleur.

Milk shake au chocolat

Pour 1 personne
Préparation : 5 min

2 ou 3 boules de glace au chocolat
15 cl de lait
1 carré de chocolat noir

1. Mixez 2 boules de glace avec le lait jusqu'à faire mousser un peu celui-ci.
2. Déposez éventuellement 1 boule de glace dans le milk-shake et décorez de copeaux de chocolat râpés à l'aide de l'économe. Dégustez sans attendre.

Milk shake à la vanille

Pour 2 personnes
Préparation : 5 min
Sans cuisson

5 boules de glace
à la vanille
30 cl de lait
demi-écrémé
6 glaçons

1. Commencez par mixer grossièrement les glaçons dans votre blender. Attention : votre appareil doit pouvoir mixer des glaçons !
2. Ajoutez les boules de glace à la vanille et le lait. Mixez tous les ingrédients.
3. Servez sans attendre.

Variante : pour parfumer votre milk shake, ajoutez au choix 2 cuillerées à soupe de pâte à tartiner au chocolat, de beurre de cacahuètes, de caramel au beurre salé ou 2 ou 3 spéculoos mixés.

Milk shake à la fraise

Pour 4 personnes
Préparation : 15 min

500 g de fraises
75 cl de lait
3 cuillerées à soupe de sirop de fraise
1 sachet de sucre vanillé

1. Lavez et équeutez les fraises puis mixez-les.
2. Versez la purée de fraises dans un saladier. Ajoutez le lait, le sirop et le sucre vanillé. Fouettez le tout et réservez au réfrigérateur jusqu'à utilisation.
3. Servez le milk shake bien frais dans des grands verres.

Smoothie à la myrtille

Pour 2 personnes
Préparation : 5 min
Sans cuisson

100 g de myrtilles
2 pêches bien mûres (280 g environ)
100 g de fromage blanc
1 cuillerée à soupe de miel liquide
3 glaçons

1. Rincez rapidement les myrtilles sous un filet d'eau froide.
2. Pelez et dénoyautez les pêches puis coupez la chair en morceaux (si les pêches ne sont pas traitées, gardez la peau : vous conserverez ainsi toutes les vitamines).
3. Mixez finement les myrtilles et les pêches avec le fromage blanc et le miel. Ajoutez les glaçons et mixez à nouveau.
4. Servez ce smoothie bien frais dans de grands verres.

Smoothie banane-beurre de cacahuètes

Pour 2 ou 3 personnes
Préparation : 5 min
Sans cuisson

2 bananes
25 cl de lait
2 cuillerées à soupe de beurre de cacahuètes
2 ou 3 glaçons

1. Pelez les bananes et coupez-les en morceaux.
2. Mixez finement les bananes avec le lait et le beurre de cacahuètes. Ajoutez les glaçons et mixez à nouveau.
3. Versez le smoothie dans de grands verres et servez sans attendre.

Variante : remplacez le beurre de cacahuètes par du Nutella® ou du pralin. Les plus gourmands ajouteront 1 boule de glace à la vanille ou au chocolat.

Smoothie orange, fraise et ananas

Pour 2 personnes
Préparation : 5 min
Sans cuisson

10 cl de jus d'orange
6 fraises
¼ d'ananas

1. Lavez et équeutez les fraises.
2. Pelez l'ananas et ôtez le cœur ; coupez la chair en dés.
3. Mixez les fruits finement avec le jus d'orange. Placez le smoothie au réfrigérateur jusqu'au moment de servir.

Chocolat chaud aux chamallows

Pour 2 personnes
Préparation : 10 min
Cuisson : 2 min

100 g de chocolat noir
8 chamallows
10 cl de crème liquide
20 cl de lait
Cacao amer pour la déco

1. Hachez grossièrement le chocolat avec un grand couteau (vous pouvez aussi le râper ou le mixer à l'aide d'un blender). Déposez-le dans un saladier.
2. Dans une casserole, mélangez le lait et la crème liquide. Portez à ébullition.
3. Versez le mélange bouillant sur le chocolat et fouettez jusqu'à ce que celui-ci soit bien fondu.
4. Répartissez le chocolat chaud dans deux grandes tasses. Déposez les chamallows dessus et saupoudrez de cacao. Servez sans attendre.

Lait de poule

Pour 1 verre
Préparation : 2 min
Cuisson : 2 min

1 jaune d'œuf
2 cuillerées à soupe de rhum
20 g de sucre semoule
15 cl de lait

1. Dans un bol, fouettez le jaune d'œuf et le sucre. Ajoutez le rhum.
2. Faites bouillir le lait puis versez-le en remuant sur la préparation. Dégustez aussitôt.

ÉQUIVALENCES

MESURES LIQUIDES

SYSTÈME MÉTRIQUE	SYSTÈME AMÉRICAIN	AUTRE NOM
5 ml	1 cuillère à thé (cuillère à café française)	
15 ml	1 cuillère à table (cuillère à soupe française)	
35 ml	1/8 cup (tasse française)	1 oz (ou once)
65 ml	1/4 cup ou 1/4 grand verre	2 oz
125 ml	1/2 cup ou 1/2 grand verre	4 oz
250 ml	1 cup ou 1 grand verre	8 oz
500 ml	2 cups ou 1 pinte	
1 litre	4 cups ou 2 pintes	

MESURES SOLIDES

SYSTÈME MÉTRIQUE	SYSTÈME AMÉRICAIN	AUTRE NOM
30 g	1 oz	
55 g	1/8 lbs	2 oz
115 g	1/4 lbs	4 oz
170 g	3/8 lbs	6 oz
225 g	1/2 lbs	8 oz
454 g	1 livre	16 oz

CHALEUR DU FOUR

CHALEUR	° CELSIUS	THERMOSTAT	° FAHRENHEIT
Très doux	70 °C	Th. 2-3	150 °F
Doux	100 °C	Th. 3-4	200 °F
	120 °C	Th. 4	250 °F
Moyen	150 °C	Th. 5	300 °F
	180 °C	Th. 6	350 °F
Chaud	200 °C	Th. 6-7	400 °F
	230 °C	Th. 7-8	450 °F
Très chaud	260 °C	Th. 8-9	500 °F

Mango une marque de Fleurus Éditions
www.fleuruseditions.com

Édition : Barbara Sabatier et Adèle Vay
Direction artistique : Chloé Eve
Maquette : Chantal Tuaud
Fabrication : Thierry Dubus et Florence Bellot

N° d'édition : M14000
ISBN : 9782317007699
Code MDS :76303
Photogravure : Amalthéa
Achevé d'imprimer en novembre 2013 par C&C Offset – Chine
Dépôt légal : janvier 2014
Édition N°1

CUISINE AU
WOK
MANGO

SOUPES
ET GAZPACHOS
MANGO

TARTES ET
CAKES
MANGO

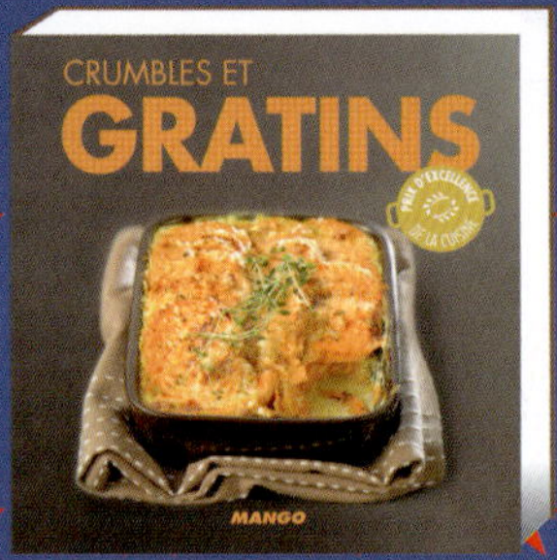
CRUMBLES ET
GRATINS
MANGO

TAPAS
ET ANTIPASTI
MANGO

CUISINE DE
L'ÉTUDIANT
MANGO

CUISINE
LÉGÈRE
MANGO

ITALIE
MANGO

CUISINE
CHIC
MANGO

APÉROS
DÎNATOIRES
MANGO

RECETTES AU
CHOCOLAT
MANGO

PETITES
DOUCEURS
MANGO
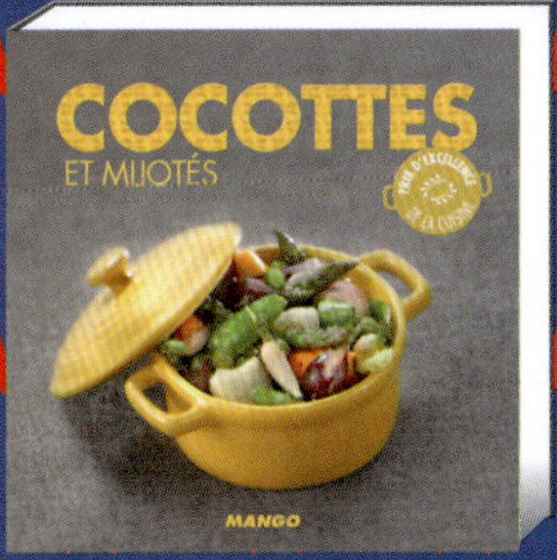
COCOTTES
ET MIJOTÉS
MANGO

RECETTES À
PETIT PRIX
MANGO

CUISINE
BISTROT
MANGO

BOCAUX ET
VERRINES

SALADES
GOURMANDES
MANGO

MAROC
MANGO

RECETTES
EXPRESS

SUSHIS
MAKIS, YAKITORIS, ONIGIRIS...
MANGO